Der Arena LeseStier
Kurze Geschichten

Achim Bröger,
geboren 1944, verheiratet, 3 Kinder. Als freiberuflicher Schriftsteller
schreibt er Kinder- und Jugendbücher; viele davon sind mit
bedeutenden Preisen ausgezeichnet und in
mehrere Sprachen übersetzt worden.

Weitere lieferbare Bücher in Arena Verlag und Benziger Edition:
»Flockis erste Reise«
»Flockis Geburtstag«
»Mein 24. Dezember« (in Farbe)
»Mein 24. Dezember« (mit Schwarzweiß-Illustrationen)
»Geschwister . . . nein danke!?«
»So klein . . . und schon verknallt? und andere Geschichten vom Liebhaben«
»Nickel spielt Lehrerin«
»Nickel will die Eltern tauschen«
»Nickel auf Piratenjagd«
»Flockis Abenteuer«
»Geschichten von Pizza und Oskar«
»Pizza und Oskar«
»Pizza und Oskar gehen zur Schule«
»Bist du wach, Papa?«
»Die kleine Jule«
»Steckst du dahinter, Kasimir?«
»Ich mag dich«
»Schön, daß es dich gibt«
»Hand in Hand«

Gisela Kalow,
1946 geboren, studierte Verlagsgrafik und arbeitete danach
in einem Schulbuchverlag. Seit vielen Jahren ist sie freiberuflich tätig
als Bilderbuchmalerin und Grafikerin.
Heute lebt sie mit ihrer Familie im Taunus.

Achim Bröger

Mein erster Advent

und andere neue
Flocki-Geschichten

Mit farbigen Bildern
von Gisela Kalow

Arena

Die Deutsche Bibliothek – CIP-Einheitsaufnahme

Bröger, Achim:
Mein erster Advent
und andere Flocki-Geschichten / Achim Bröger.
Mit farb. Bildern von Gisela Kalow.
- 1. Aufl. - Würzburg: Arena, 1995
(Der Arena LeseStier: Kurze Geschichten)
ISBN 3-401-04443-5

1. Auflage 1995
© 1995 by Arena Verlag GmbH, Würzburg
Alle Rechte vorbehalten
Einband, Innenlayout und Illustrationen: Gisela Kalow
Reihengestaltung: Karl Müller-Bussdorf
Gesamtherstellung: Westermann Druck Zwickau GmbH
ISBN 3-401-04443-5

Inhalt

Flockis erster Advent

Also, irgendwas stimmt heute wieder mal
nicht. Mein Menschenrudel ist so aufgeregt,
besonders die Menschenwelpen. Aber auch
der Rüde und das Weibchen haben sich
anstecken lassen. Hoffentlich sind sie nicht
krank!
Ne, krank sehen sie eigentlich nicht aus.
Dafür müßten sie blasser sein.
Ich schnüffele hier, ich schnüffele dort.
Laufe hin und her, beobachte alles. Aber
ich krieg' einfach nicht raus, was los ist.
Papa-Rüde und Mama Weibchen flüstern

irgendwas in der Küche. Flüstern finde ich
immer sehr interessant. Da schleiche ich
mich doch gleich mal an.

Leider verstehe ich nicht, was sie erzählen.
Deswegen belle ich beleidigt, und Mama
sagt: »Psst, Flocki.«

Na gut. In Ordnung. Aber . . . he, was liegt
auf dem Küchentisch zwischen Papa und
Mama? Das sieht aus wie kleine . . .
Waldstücke!

»Die Tannenzweige sind genau richtig. Die
mag ich«, sagt Mama. Ach ja, stimmt,

die Waldstücke heißen Tannenzweige.

Nur, warum liegen sie auf dem Küchentisch?
Kann man die Zweige essen? Die
Menschen essen alle möglichen Pflanzen.
An Tannenzweigen habe ich sie allerdings
noch nie knabbern sehen. Mein Geschmack
wären sie nicht.

Vielleicht hat Mama die Zweige schon
probiert. Sie meinte eben, daß sie die mag.
Übrigens biegen sie jetzt die grünen Dinger
irgendwie ineinander und binden sie
zusammen. Ich glaub', mit Draht. Ob die so
besser schmecken?

Tut mir leid, ich kapier' wieder gar nichts.
Und jetzt sehe ich auch nichts mehr, weil
mir der Papa die Sicht verdeckt. Da werde
ich mal schnell die Treppenstufen
hochflitzen und gucken, was die kleinen
Menschen treiben.

Also, das haut mich um! Vor lauter Staunen

jaule ich los. »Was ist, Flocki?« will der Kleinste wissen. Der stellt Fragen. Die drei Kinder stehen einfach da und putzen Schuhe! Freiwillig. Das gab's bisher nur an Weihnachten. Und Weihnachten ist heute nicht. Weiß ich genau. Der Kleine putzt ganz eifrig und ernst. Seine Geschwister grinsen dazu.

Sie putzen auch nicht irgendwelche Schuhe. Nur die größten sind dran, Stiefel heißen die. Wo wollen die Kinder hinstiefeln? Draußen ist es dunkel.

Die Stiefel fangen richtig toll zu glänzen an, irgendwie festlich. Dazu singt der Kleinste ein Lied. Na ja, er jault es eher. Und was klingt da so jaulig? Erst mal sind es zwei gleiche Wörter. Die fangen mit Ad . . . an. Dahinter kommt was Unverständliches. Dann jault der Kleine von einem Licht, das brennt. Es muß winzig sein, ein »Lichtlein«.

Und irgendwann sollen sogar mehrere brennen. Er singt auch noch, daß jemand vor der Tür steht.

Wie war das – ein Kind steht vor der Tür? Da muß ich sofort nachsehen. Ich renne zur Türe runter und springe sie mit meinen Vorderpfoten auf. Aber da steht gar kein Kind. Draußen gibt's nur jede Menge Wind. Ich belle, damit jemand die Tür wieder schließt. Das schaffe ich nämlich noch nicht alleine. Und schon kommt Susanne.

Ja, ja, ich hab' sie gut erzogen, meine Menschenwelpen. Jetzt zieht Susanne die Tür zu und fragt: »Flocki, du bist so unruhig. Was ist los?«

Ich soll unruhig sein? Ich doch nicht. Ihr seid es. Aber so laut ich das auch rausbelle, mich versteht sowieso niemand. Hm . . . in dem Lied eben kam doch was von einem Licht vor. Es hieß, daß es brennt.

Ich hab' das Licht bisher nirgends gesehen.
In der Küche war keines und bei den
Kindern auch nicht.

Na, da rase ich gleich durchs restliche
Haus. Ich werde dieses Licht finden und es
löschen. Brennendes Licht ohne Aufsicht ist
nämlich gefährlich. Weiß ich. Womöglich
brennt was an . . . oder ab. Da muß man
aufpassen. Und ich kann prima aufpassen.
Ich glaub', in dem Lied wird bloß
rumgesponnen. Draußen steht kein Kind.
Drinnen brennt kein Licht. Jedenfalls habe
ich nirgends eines gefunden. Alles sehr,
sehr merkwürdig, wirklich! Zweige in der
Küche, die wahrscheinlich Menschen-
grünfutter sind. Mein Rudel futtert ja zur Zeit
sehr »öko-logisch«, oder wie das heißt.
Geputzte Stiefel. Und ein seltsames Lied.
Halt! Zu den Stiefeln fällt mir was ein. Die
Großen putzen manchmal ihre Schuhe,

bevor sie jemanden besuchen. Das heißt, wenn sie Freunde besuchen, tun sie das eigentlich nicht. Die Schuhe werden geputzt, wenn sie zu vornehmeren und fremden Leuten gehen.

Jetzt hab' ich's: Die Leute, die sie besuchen wollen, sind ziemlich vornehm. Und wahrscheinlich regnet es stark bei ihnen, oder es gibt Hochwasser. Sonst würde mein Rudel keine Stiefel anziehen. Alles klar, ich hab' den Durchblick. WAU! Bloß, warum putzen sie die Stiefel für so einen wäßrigen Besuch? Die Dinger werden doch dann sofort wieder schmutzig. Na ja, sollen sie tun, wozu sie Lust haben, meine Leute. Schnell rübergeflitzt. Ich will mal wieder nach den Großmenschen sehen. – So was! Die haben aus den Tannenzweigen inzwischen ein Rad gebastelt. Ganz ehrlich. Kreisrund, das Ding.

Wenn sie sich damit solche Mühe geben, sind die Zweige aber bestimmt nicht zum Essen gedacht. Hm . . . ob das Auto einen Platten hat, und sie wollen das Tannenzweigrad als Ersatzrad benutzen? Zuzutrauen wäre es ihnen, bei ihrem Öko-Tick.

Wahrscheinlich ist das also ein Öko-Reifen. Wird am Auto zwar ein bißchen ungewöhnlich aussehen, das grüne Ding.

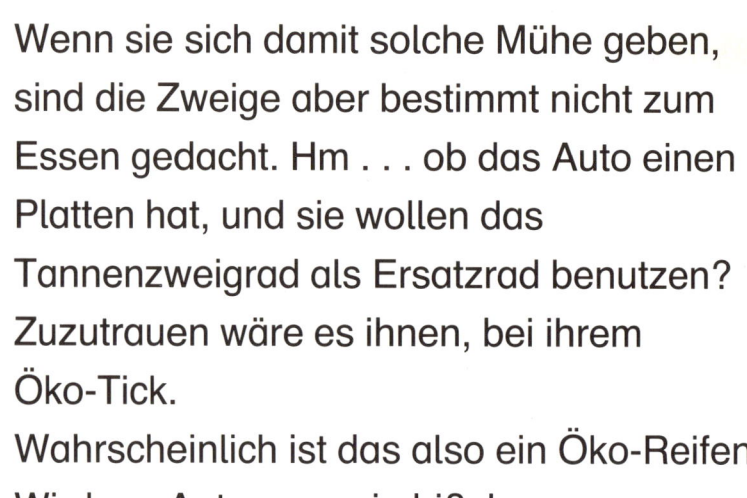

Aber man gewöhnt sich an alles.

Staunend sitze ich mitten in der Küche. Da steht Papa auf. Er fällt fast über mich und knurrt: »Lieg nicht im Weg, Flocki! Mach Platz!«

Ich geh' ja schon. Allerdings hab' ich nicht gelegen, Großer, ich hab' gesessen. Und du könntest ruhig auch mal »bitte« zu mir sagen.

Was macht dieser Menschenrüde mit Haarausfall nun wieder für Blödsinn?

Er holt Kerzen aus dem Küchenschrank.
Wieso das? Kerzen benutzen sie an
Weihnachten und wenn der Strom ausfällt.
Weiß ich genau. Aber der Strom ist nicht
ausgefallen. Und Weihnachten ist heute
auch nicht.
Nun singt Mama das Lied, das ich vorhin
schon gehört habe. Leider verstehe ich vom
Anfang wieder nur zweimal »Ad . . .«.
Danach kommt das brennende Lichtlein,
klar. Plötzlich brennen dann zwei, drei und
vier. Und am Schluß singt Mama, genau
wie der Kleinste, daß ein Kind vor der Tür
steht. Ein Kind mit ein paar Buchstaben
davor, irgendwas mit Kr . . .
Vielleicht hat sich das Kind in der
Zwischenzeit vor die Tür gestellt? Ich renne
noch mal hin. Aber ich höre und rieche
nichts durch die geschlossene Tür. Also
brauche ich sie diesmal nicht aufzumachen.

Da steht niemand. Das Lied lügt, ganz eindeutig.

Schon wieder passiert was Verrücktes. Sie stecken die Kerzen in schwarze Ministänder. Danach piksen sie die mitsamt den Kerzen ins grüne Tannenrad. Oha! So können sie das Ding garantiert nicht mehr als Öko-Reifen fürs Auto benutzen.

Im nächsten Moment ruft der Kleine von oben: »Papa! Mama! Kommt mal!« Sofort verschwinden die Eltern. Das paßt hervorragend. Ich lege meinen Kopf auf die Tischplatte und gucke mir das Kerzenrad genau an. Dabei denke ich nach.

Hat das womöglich was mit dem Lied zu tun? Moment . . . Wenn eine Kerze brennt, gibt's ein Licht. Na ja, meinetwegen gibt es auch ein »Lichtlein«, obwohl das irgendwie albern klingt. Vier Kerzen stecken im Rad. Aber wenn erst eine brennen soll, dann stecken im Moment ja drei Kerzen zuviel im Rad, oder?

Das haben wir gleich. Ich lege eine Pfote auf den grünen Ersatzreifen und ziehe mit der Schnauze drei Kerzen raus.

Wohin damit? Ach, ich schieb' sie unter den Küchenschrank. Dort rollen sie schön weit nach hinten. Sie sind gut versteckt. Sehr gut sogar.

Also, in dem Lied stimmt wohl doch einiges.

Was das mit dem »Lichtlein« bedeutet, hab'
ich jedenfalls rausgekriegt. Und was ist mit
dem Kind?

Hm . . . ich ahne was. Mensch! Wenn das
stimmt! Ich muß noch mal überlegen: Es
soll ein Kind auftauchen. Unser Rudel
kriegt also irgendwie Zuwachs, soviel ist
sicher. Und wenn noch ein Kind auftaucht,
aber nicht vor der Tür steht, heißt das
vielleicht . . . Mama bekommt noch eines?
Dabei haben die Großen erst kürzlich
gesagt, daß ihnen drei Kinder völlig
reichen. Und recht haben sie! Im Haus ist
gar nicht genug Platz für ein viertes Kind.
Außerdem müßte ich dann bestimmt auch
noch darauf achtgeben. Das schaffe ich
nicht, hab' schon mehr als genug zu tun.
Also, wenn ein neues Kind kommt, gehe ich.
Halt! Ich merke gerade, daß ich bei dem
komischen Lied was überhört habe.

Da heißt es doch: ». . . ein Lichtlein brennt. Erst eins, dann zwei, dann drei, dann vier, dann steht das Kr . . . kind vor der Tür.« Ha, ich weiß, was ich tu'! Ich ziehe einfach auch die letzte Kerze aus dem grünen Tannen- reifen. Wenn kein Kerzenlichtlein brennt, kommt nämlich auch kein Kind. Logisch. Und schon kullert die vierte Kerze tief unter den Schrank.

Da höre ich Papa und Mama. Schnell verkrieche ich mich, und gleich darauf stehen sie vor dem Tisch. Papa fragt: »Wo sind die Kerzen?« Ich hocke hinter der Tür und sage lieber nichts. Ist wohl besser so. Mama meint: »Vielleicht wollten wir die Kerzen nur holen und haben's nicht getan. Es ist ja heute alles ziemlich hektisch.« Nun suchen sie beide ihre Kerzen. Leider findet Papa auch gleich vier neue. Verflixt! Die sollen keinen Quatsch machen!

Die Großen verschwinden im Wohnzimmer.
Deshalb greif' ich mir blitzschnell die vier
neuen Kerzen. Schon rollen auch die unter
den Küchenschrank.

Zwei Tage liegen die Kerzen jetzt da unten.
Es sind sogar noch viel mehr geworden.
Gestern hat der Papa nämlich neue
gekauft. Die sucht er nun auch . . .

Schnell mal hoch zu den Kindern. Also
wirklich! Die putzen ihre Stiefel schon
wieder. Dazu sagt Susanne: »Jetzt haben
wir die Stiefel gebraucht und müssen sie
noch mal saubermachen.« Klaus nickt und
sagt: »Bloß weil's der Kleine vorgestern
nicht mehr abwarten konnte und unbedingt
sofort anfangen mußte.«
Ihr kleiner Bruder ist ruhig. Als er seine
Stiefel fertig hat, nimmt er die von Papa und
Mama. Der kann wohl nicht genug kriegen!

Na, bestimmt ziehen sie die Stiefel jetzt gleich an und gehen zu den vornehmen Leuten mit Hochwasser. Aber was ist denn das nun wieder? Sie stellen die glänzenden Dinger paarweise genau neben die Kinderzimmertüren. Papas und Mamas Stiefel kommen vor das Schlafzimmer. Das verstehe ich überhaupt nicht.

Plötzlich zeigt der Kleine auf seine eigenen Stiefel und fragt: »Wann er wohl kommt, der Nikolaus?«

Eben steigen Papa und Mama die Treppe hoch. Sie haben gehört, was der Kleinste gefragt hat. Mama zuckt die Schultern, und Papa sagt: »Keine Ahnung, wann er kommt.« Dazu grinsen Klaus und Susanne, und ihr kleiner Bruder guckt ängstlich.

Also, ich muß schon wieder nachdenken. Sie warten auf einen Herrn Niko Laus, oder wie er heißt. Sie haben keine Ahnung,

wann er kommt. Der Kleine hat Angst vor
ihm, und die Großen grinsen über ihn.
Muß ein komischer Kerl sein, der Herr.
Die Eltern loben die Kinder fürs tolle
Stiefelputzen und reden weiter von dem
fremden Herrn. Dann geht das ganze
Menschenrudel nach unten. Ich sehe mich
inzwischen mal genauer um. – Wie die
Stiefel dastehen! So ordentlich. Als würden
sie gar nicht zu meinem Rudel gehören.
Irgendwie stört mich das richtig. Das will ich
schnell ändern, damit's aussieht wie immer.
Ein paar Stiefel schmeiße ich einfach um.
Zack! Da liegen sie. Als nächstes
vertausche ich einige. Papa kriegt einen
Stiefel von Susanne, Mama einen von
Klaus. Und ein Mamastiefel kommt zum
Kleinen. Macht Spaß! Jetzt sieht es viel
lustiger aus.
So, ich lege mich oben in den Flur.

Von unten höre ich den Fernsehapparat.
Sitzen die alle vor dem Kasten? Na ja,
wahrscheinlich warten sie auf diesen Herrn.
Hm . . . Könnte es etwa sein, daß die
sauberen Stiefel was mit ihm zu tun haben?
Ich hab' noch nie von ihm gehört. Wie hieß
er noch? Sein Name klang nach einem
kleinen Tier. Mücke? Ne, es war irgendwas
mit Laus.

Der besucht uns also bald. Aber warum
putzen sie dafür ihre Stiefel? Soll er sie
geschenkt bekommen? Vielleicht hat der
arme Kerl keine. Oder sammelt er solche
Dinger? In allen Größen, in allen Farben?
Wer weiß.

Vorhin haben sie jedenfalls gesagt, daß sie
keine Ahnung haben, wann der tierische
Herr kommt. Aber eins weiß ich: Ab zehn
Uhr darf er nicht mehr stören, denn mein
Rudel braucht seinen Schlaf.

Und außerdem hat der Kleinste Angst vor ihm. Am besten wär's, wenn ich den Herrn überhaupt nicht reinlassen würde. Egal, wann er kommt. Wau! So mache ich das. Papa rennt mal wieder die Stufen hoch. Er murmelt: »Verflixt, wo stecken die neuen Kerzen diesmal?« Tja, Großer, das wird nicht verraten.

Ich gehe an ihm vorbei, die Treppe runter. Und was sehe ich jetzt im Fernsehen? Da singen sie ja auch dieses Lied.

Diesmal verstehe ich's endlich richtig: »Advent, Advent, ein Lichtlein brennt. Erst eins, dann zwei, dann drei, dann vier, dann . . .«

Nein! Bloß nicht. Wir brauchen kein neues Kind, das hab' ich schon mal gesagt. Ich renne zum Fernsehapparat und belle ihn warnend an.

»Flocki! Spinnst du?« schimpft Susanne.

Ne, ich nicht, belle ich. Aber mich versteht
ja keiner. Leider. Deswegen belle ich
einfach weiter.

Ich bin richtig gut in Form, merke ich. Daß
der Herr mit dem tierischen Namen draußen
bleibt, ist sowieso klar. Ich meine den
Stiefelsammler. Den werd' ich scheuchen.
Und auch ein neues Kind gibt's nicht. Die
vier Lichtlein werden nicht brennen, dafür
sorge ich! Wetten?

Flocki wird erzogen

Der Papa kommt mir heute seltsam vor.
Schlecht gelaunt sitzt er im Sessel. Gab's
Ärger bei der Arbeit, Großer? Mit den drei
Kindern hat er vorhin auch schon Krach
angefangen. Mal sehen, was als nächstes
kommt.

Ich bin sicher, Jogging wär' jetzt gut für ihn.
Danach, wenn er sich ausgetobt hat, ist er
nämlich immer bester Laune. Deswegen
renne ich in den Flur, nehme seine Turnschuhe in die Schnauze und trage sie zu
ihm.

Er guckt gar nicht, blättert nur in der
Zeitung. Dagegen gibt's ein Mittel: Ich muß
auf seinen Turnschuhen rumkauen.

Dann guckt er bestimmt, und vielleicht zieht
er die Turnschuhe auch sofort an und rennt
los.

Also kau' ich ein bißchen, obwohl die
Dinger gar nicht schmecken. Was tue ich
nicht alles, um den Papa auf Trab zu
bringen . . . »Flocki! Laß das!« schimpft er.
Weil er aber sonst nichts tut, kaue ich weiter.
Jetzt springt der Große wütend auf. Er stellt
sich vor mich hin, als hätte er was
Wichtiges zu sagen. Und er ruft: »So, es
reicht! Ab sofort wirst du erzogen!«
Au ja! Ich jaule begeistert. Erziehen . . .
finde ich gut. Er hat das schon öfter mit
seinen Kindern versucht. Es war immer
lustig. Der Rudelrest denkt wohl auch, daß
es lustig wird. Kaum hat Papa das mit dem
Erziehen nämlich verkündet, laufen die drei
Kinder und Mama aus allen Zimmern
zusammen.

Papa holt die Leine. Na gut, die gehört wohl zum Erziehen. Mit Leine fühlt er sich außerdem so richtig als Herrchen. Dann gehen wir raus. Papa-Herrchen und ich voran, der Rudelrest hinterher. Also ich muß wirklich sagen: Papa läßt sich prima an der Leine führen.

Aber ich finde, als Rudel sollten wir ganz nahe zusammenbleiben. Deswegen setze ich mich sofort hin, sozusagen mit Notbremse. Jetzt können uns die anderen einholen.

Das war »Sitz«, ohne daß Papa »Sitz« gesagt hat. Er mußte gar nichts befehlen, und trotzdem habe ich gut erzogen gehorcht. Und wenn ich gehorche, bekomme ich zur Belohnung mindestens einen Hundekeks. Na los!

Ich sitze und gucke strahlend zu Papa hoch. Wirklich, er gibt mir einen Hundekeks.

Ne, leider nur einen halben. Irgendwas lief wohl nicht ganz richtig. Vielleicht müßte ich ihm sowieso mal beibringen, daß ich Trockenfisch lieber mag als Hundekeks. Wir gehen weiter. Plötzlich sehe ich eine Katze um die Ecke rennen. Der Große hat sie auch gesehen, deswegen befiehlt er sofort: »Sitz!«
Ich bin doch nicht blöd. Immer wenn irgendwas Interessantes passiert, bellt

Papa: »Sitz!« Ich renne los. Die Leine
schleife ich hinter mir her, den Papa nicht.
Der hat rechtzeitig losgelassen.
Leider ist die Katze verschwunden. Na gut,
bleib' ich stehen. Meine Leute werden
bestimmt gleich nachkommen.
Aber nein, Papa will, daß ich zu ihm
komme. Deswegen pfeift er. Das gehört
wohl auch irgendwie zur Erzieherei. Nur, wie
der pfeift! Ganz schwach. Darauf pfeife ich.

Das muß er noch üben. Da bleib' ich einfach
weiter stehen und warte stur auf meine
Leute.
Nach kurzer Zeit kommen sie. Brav!
Schade, daß ich keine Belohnungskekse für
sie habe. Noch immer guckt Papa schlecht
gelaunt und dazu jetzt irgendwie . . .
entschlossen. Was hat er vor? Energisch
nimmt er die Leine und sagt: »Fuß!«
Na gut, gehe ich neben ihm. Wenn nichts
anderes los ist, kann ich das tun. Aber
Moment! Ich habe eben sofort gehorcht,
und er hat mir gar nichts zur Belohnung
geschenkt. Das ist gegen die Spielregeln.
Ich streike! Sofort mache ich wieder »Sitz«.
Einfach so. Papa stolpert fast über mich
und flucht: »Flocki, du bist unmöglich!«
Gleich darauf trabt er an der Leine neben
mir. Das geht eine Weile so, bis ich eine
Ampel sehe. Er wird also wieder »Sitz«

sagen, damit ich am Straßenrand bleibe.
Na gut, mache ich ihm die Freude. Schon
befiehlt Papa »Sitz«, und sofort sitze ich. Er
sagt »Brav«, und es gibt einen Keks.
Jetzt zeigt die Ampel Grün, und der Große
befiehlt: »Lauf!« Genau das hab' ich vor,
Papa. Ich rase also los. Papa schreit
irgendwas, aber bei dem Tempo kann ich
das nicht verstehen. Ich schaue mich kurz
um: Sie rennen hinter mir her, mein ganzes
Rudel. Hab' ich vorhin nicht gesagt, Papa
soll heute noch laufen? Na bitte, jetzt tut
er's. Ich hab's geschafft!
»Lauf, Papa! Lauf!« belle ich. Mal sehen,
wer am längsten durchhält. Ich werde
jedenfalls noch weit laufen.
Erziehen macht wirklich Spaß. Hoffentlich
versucht er das bald mal wieder, der Große.
Und der Rudelrest kann ruhig mitkommen.
Erziehen mit Zuschauern ist noch lustiger.

Nur, das nächste Mal sollte Papa wirklich die Turnschuhe anziehen, wenn er so was vorhat. Ich hatte sie ihm zu Hause extra gebracht, aber er wollte sie ja nicht. Selber schuld. Jetzt muß er halt in Straßenschuhen rennen.

Flocki geht baden

Also, was mein Menschenrudel alles ins
Auto schleppt. Da staune ich aber. Decken
kommen rein. Handtücher. Ein Fußball.
Und noch viel, viel mehr.
Ich leg' mich mal einfach neben das Auto
auf den Gehsteig. Von hier kann ich alles
gut überblicken. Oh, der Gehsteig ist heiß.

Na ja, die Sonne strahlt ja heute auch mächtig. Deswegen wundere ich mich eigentlich, daß sich mein Rudel so anstrengt. Bei der Hitze kann das nicht gesund sein. Außerdem haben wir Sonntag, also Zeit zum Ausruhen. Aber nein . . . sie packen und packen das Blechding immer voller.

Langsam verliere ich die Übersicht, was sie alles mitnehmen. Auf alle Fälle ist was zu fressen und zu saufen dabei. Für mich. Für mein Rudel gibt's was zu essen und zu trinken. Sie tragen wirklich viel zu saufen her. Dann gibt's wohl kein Wasser, wo wir hinfahren.

So, jetzt ist das Auto voll genug. Halt! Ich fehle noch, und deswegen befiehlt Papa: »Flocki, steig ein!«

Gut, mach' ich. Nun setzt sich Mama ans Steuer und sagt: »Ich freue mich schon.«

Ich glaube, wir besuchen jemanden. Und weil mein Rudel so viel eingepackt hat, denke ich, wir werden länger bei den Leuten bleiben.

Außerdem sind sie bestimmt nett, denn Mama freut sich auf sie. Ein bißchen arm sind sie wohl auch, weil wir Decken mitnehmen, Essen, Trinken und all so was. Ich hoffe nur, daß sie nicht weit weg wohnen. Bei der Hitze und mit Fell ist 'ne weite Fahrt im Auto nämlich hundeübel.

Natürlich zanken die drei Menschenwelpen gleich wieder. Der Kleinste möchte sich nämlich unbedingt auf Susannes Platz setzen. Aber die möchte unbedingt auf ihrem Platz sitzen bleiben.

Als Mama und Papa das Gekeife hören, knurren sie von vorne ziemlich laut.

Mich stört das alles gar nicht besonders. Daran bin ich gewöhnt.

Ich leg' mich einfach zwischen die Füße
der Kinder. Wehe, die treten mich! Dann
muß ich auch knurren.

Mama fährt schnell, und Papa sagt:
»Hoffentlich finden wir noch einen schönen
freien Platz.« Aha, die Leute, die wir
besuchen, haben also noch viele andere
Gäste eingeladen.

Nach kurzer Zeit finden wir erst mal einen
Stehplatz zwischen lauter Autos, die

eigentlich fahren wollen. »Stau« heißt das.
Hab' ich schon gelernt. Papa schwitzt im
Stau immer ganz besonders. Seh' ich von
hier. Na, da döse ich einfach ein
Weilchen . . . So richtig wach werde ich erst
wieder, als Mama bremst. Jetzt sind wir
also gleich bei den netten, etwas armen
Leuten. Wir parken zwischen ungeheuer
vielen Autos. Mein Menschenrudel nimmt
nun alles aus dem Wagen. Danach
schleppen sie es durch die Hitze. WAU!

Aber . . . was ist da vorne los? Das glitzert
so. Und vor dem Geglitzere liegen jede
Menge Leute und jede Menge Sand herum.
Hier war ich noch nie. Und komisch finde
ich, daß die Menschen fast keine Klamotten
anhaben. Nur so ein Stoffbißchen.
Der Sand ist heiß. Da glüht einem ja die
Pfote. Und ich krieg' ein paar Sandkörner in
die Augen. Das drückt so doof. Ich glaub',
mir gefällt das hier nicht. Mein Rudel geht
allerdings mutig weiter und immer näher
zum Geglitzere. Warten dort vorne die
Leute, die wir besuchen wollen?
An einem freien Platz im Sand bleiben wir
stehen. Aha, also wollen wir zu der Frau
und dem Mann gleich daneben. Ich nehme
Papa die Decke weg und schleppe sie zu
dem Paar. Die Decke ist ja bestimmt ein
Geschenk für sie. Aber die beiden lachen
und wollen das Ding nicht.

Papa sagt: »Flocki! Die Decke brauchen wir selbst.« Na gut, bring' ich sie wieder zurück. Die Leute haben auch schon eine. Da hat mein Rudel also die falschen Geschenke mitgebracht. Handtücher und ein Radio haben die anderen nämlich auch.

Hm. Allmählich glaube ich, daß wir diese Leute nicht besuchen. Mein Rudel kennt sie wohl überhaupt nicht. Es legt seine Decke möglichst weit von ihnen entfernt in den Sand, und alles andere kommt irgendwo daneben. Seltsam.

Oh, aber jetzt wird's lustig! Meine Menschen ziehen nämlich auch solche komischen Miniklamotten an. Kurze Höschen und so. Und wie sie sich dabei anstellen! Zum Jaulen.

Papa hält ein Handtuch vor sich, als er seine lange Hose auszieht. Er kommt auch gut aus einem Hosenbein raus.

Aber dann verheddert er sich im zweiten und fällt um. Ein Glück, daß der Sand weich ist.

Als nächstes schrauben sie irgendwelche Flaschen auf. Wollen sie schon was trinken? Ne, mit dem Inhalt schmieren sie sich ein. Das Zeug riecht nicht schlecht. Wie es wohl schmeckt? Ich schlecke mal an Susannes Bein. Sofort schimpft sie los.

Na ja, dann behalt das Zeug doch! Ich belle beleidigt.

Ob sich die Nachbarn auch eingeschmiert haben? Ich spaziere hin und schlecke am Fuß von dem Mann. Er liegt mit geschlossenen Augen da und sagt: »He, Helga, kitzle mich nicht.« Wieso nennt er mich Helga? Ach, so heißt die Frau. Ich verdrück' mich lieber.

Mein Rudel geht inzwischen auf das Glitzerzeug zu. Ihre Sachen haben sie einfach alleine liegen lassen. Was soll ich tun? Ich bin ja eigentlich ihr Wachhund. Soll ich hierbleiben und aufpassen oder meine Leute begleiten?

Ich entscheide mich für meine Leute und trabe hinterher. Ach, es ist richtig jaulig, wie sie in den Kurzklamotten von hinten aussehen.

Die meisten anderen Menschen hier haben brauneres Fell als meine. Ne, bei denen heißt das ja »Haut«. Da stolpere ich über einen dicken, glänzend eingeschmierten Mann, der im Weg liegt. Er schimpft irgendwas. Kaum bin ich ein Stück weiter, fliegt mir ein Ball um die Ohren. Und dann jault auch noch jede Menge Musik durcheinander. Also, mir gefällt's hier nicht. Ist das 'ne Sonntagserholung!

Aber mein Rudel stapft tapfer weiter durch den Sand zum Glitzerzeug.

Ach ne, jetzt erkenne ich, was das wirklich ist. WASSER! WAU! So viel Wasser! Irre! Am meisten davon habe ich bisher in unserer Badewanne gesehen. Das da vorne muß eine riesige Badewanne sein. Wenn ich hier den Stöpsel rausziehen würde . . . das wär' was!

Mein Rudel ist am Wasser angekommen. Und der Kleinste steht schon bis zum Bauch drin. Die anderen gehen jetzt auch rein. Hoffentlich ist das nicht gefährlich. Da kommen nämlich so Wasserhügel. Wellen heißen die. In der Badewanne gibt's die auch, nur viel kleiner.

Ob ich hinterhergehe? Irgendwie traue ich mich nicht. Ist so tief, das Wasser. Vielleicht kann ich mit den Wellen am Rand spielen? Ich tatze mit der Pfote nach einer, die

angelaufen kommt. Schon läuft sie weg.
Ha! Die hat wohl Angst vor mir. Hilfe, da
kommt wieder eine, und zwar eine große
und hinterlistige! Die schmeißt mich fast
um. Schnell renne ich ein Stück weg.
Oh, ist das alles aufregend. Gefährlich ist
es bestimmt auch. Deswegen jaule ich
kläglich. Will mein Rudel aus der großen,
wilden Badewanne jaulen. Aber es bleibt
einfach drin.

Zur Beruhigung werde ich mal einen
Schluck von dem Wasser trinken. Es ist ja
genug da. Allerdings finde ich seltsam, daß
wir dann noch extra welches mitgeschleppt
haben.
Was ist denn das? Da fallen einem ja die
Zähne aus, so furchtbar schmeckt das
Wasser. Ein widerliches Zeug. Ich spucke
und renne.

Was so schmeckt, ist garantiert sehr
gefährlich. Und meine Leute stehen bis
zum Hals drin! Ich muß sie retten,
unbedingt. Was tue ich nur? Bellen und
Jaulen nützt nichts. Und vor allem, was wird
aus mir, wenn ich sie nicht retten kann?
Woher krieg' ich dann mein Fressen?
Wer streichelt mich?
Am besten wäre, ich würde den Stöpsel von
dieser Riesenbadewanne finden und sofort
rausziehen. Aber wo ist der? Aufgeregt
renne ich hin und her. Jetzt sehe ich, daß
meine Menschen in dem gräßlichen Zeug
nicht mehr stehen können. Sie liegen drin
und zappeln mit ihren Armen und Beinen.
Ich muß ihnen helfen! Der Kleinste ist nicht
sehr weit von mir entfernt, den rette ich auf
jeden Fall. So hab' ich wenigstens einen
übrig, als Andenken. Ich rase ins Wasser.
Es wird tiefer und tiefer.

Egal! Ich strecke die Schnauze hoch in die Luft und rase weiter. Hab' schon keinen Boden mehr unter den Füßen. Trotzdem bewege ich meine Beine und komme vorwärts. Seltsam.

Als ich unseren Kleinsten erreiche, schnapp' ich seinen Arm und ziehe. Aber der Kleine will sich nicht retten lassen. Er lacht und ruft: »Guckt mal, Flocki kann schon fast so gut schwimmen wie ich. Toll!« Schwimmen nennt man das also. Na gut. Hab' ich mal wieder was dazugelernt. Meinem Rudel macht dieses Badewannen-Schwimmen sogar Spaß, denn sie lachen jetzt und freuen sich. Meinetwegen – aber ich will unbedingt zurück an Land, wo es trocken ist.

Mit dem Boden unter den Pfoten fühle ich mich viel wohler. Erst mal schüttle ich alles Wasser aus dem Fell.

Dann gehe ich am Wasserrand entlang und kontrolliere, was meine Leute machen. Die planschen weiter in der riesigen Badewanne. Da steigt mir plötzlich ein wunderbarer Duft in die Nase.

Es duftet nach Fisch. Nein, nicht nach Kochfisch oder so was. Es duftet nach Uraltfisch. Ein Stück vor mir liegt das herrliche Tierchen im Sand und brät in der Sonne. Schon bin ich bei ihm. – Oh, dieser Geruch. Wahnsinn!

Leider darf ich nicht bei der Duftquelle bleiben. Mama steigt nämlich aus dem Wasser und ruft nach mir. Ich will aber möglichst viel Duft mitnehmen. Also werfe ich mich auf den Uraltfisch und wälze mich drin.

Mama ruft schon wieder. Ich reiße mich gehorsam vom Fisch los und spurte zu ihr. Gleich wird sie sich ganz arg freuen, denn ich bring' ihr was Tolles mit.

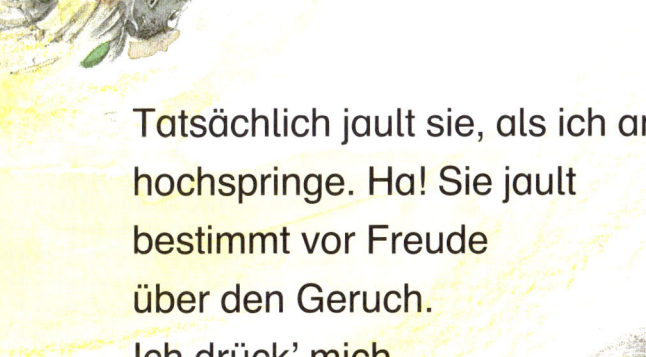

Tatsächlich jault sie, als ich an ihr hochspringe. Ha! Sie jault bestimmt vor Freude über den Geruch. Ich drück' mich fest an sie.

Nanu, was ist denn los? Sie schimpft: »Igitt! Flocki, du Stinktier!« Also, manchmal verstehe ich meine Leute wirklich überhaupt nicht.

Mal sehen, ob wenigstens die anderen meinen Duft loben, wenn sie aus dem Wasser kommen. Ich will zu ihnen, aber Mama möchte erst noch Fangen spielen. Sie versucht mich zu erwischen. Ich mache ihr die Freude und renne ein Stückchen davon. Fang mich, Mama, ich bin eine Duftwolke!

Ich renne noch ein bißchen an dieser Riesenbadewanne entlang. Ehrlich, bis auf den komischen Sand finde ich es inzwischen gar nicht so schlecht hier. Meinetwegen können wir öfter herkommen.

Flocki wird
schon wieder erzogen

Der Große aus meinem Menschenrudel hat neulich zu mir gesagt: »Ab sofort wirst du erzogen, Flocki.« Oh, da hab' ich begeistert gejault. Es war dann auch interessant und lustig. Jetzt sagt er: »Flocki, wir müssen mit der Erziehung weitermachen.« Na klar, Großer. Ich hab' auch schon eine gute Idee. Dieses Mal wird es ein Wettbewerb. Mal sehen, wer besser erzieht, du oder ich. Mama sagt: »Aber sei nicht so streng zu ihm.« Keine Sorge, Mama. Ich tu' dem Papa bestimmt nichts. Oder hat sie das gar nicht zu mir gesagt?
So . . . und wie fangen wir heute mit dem

Erziehen an? Ganz einfach. Ich wedle mit
dem Schwanz. Dann gehe ich am Großen
vorbei und leg' mich breit in seinen Sessel.
Jetzt guckst du, was? Natürlich befiehlt
Papa: »Raus da, Flocki!« Schon sind wir
mitten in der Erzieherei. Ich soll also vom
Sessel aufstehen. Dafür will ich was haben.
Wenn ich gehorche, gibt's zur Belohnung
nämlich einen Keks. Mindestens! Ich hab'
dir das schon öfter klargemacht, Großer,
aber manchmal kapierst du ziemlich
langsam.

Ich stehe auf. Als Test. Papa sagt nur:
»Dein Glück, Flocki.« Das war völlig falsch.
Ohne Keks läuft nichts. Sofort setze ich
mich wieder in den Sessel.
Der stellt sich heute besonders blöd an, der
Große. Nun guckt er erstaunt auf mich
runter und schimpft: »So eine Frechheit!«
Dann fuchtelt er aufgeregt mit der Zeitung
vor mir rum. Das nervt! Will er mir damit
etwa einen Klaps geben? Wehe!

Wenn das passiert, stehe ich erst recht nicht auf.

Ich muß ihm die Spielregeln ein für allemal klarmachen. Also springe ich aus dem Sessel. Mit der Vorderpfote haue ich gegen seine Jackentasche, in der die Belohnungskekse stecken. Und im nächsten Moment sitze ich wieder im Sessel.

Er steht vor mir. Die Stirn voller Falten, guckt er mich ratlos an. Oh, Papa! Hast du's immer noch nicht verstanden? Gut, probieren wir es halt noch mal. Wir haben ja Zeit. Erziehung dauert eben. Wieder stehe ich auf. Papa muß gar nicht »Raus« oder »Auf« sagen. – Und was sollte jetzt passieren? Hm?

Er hat's kapiert! Endlich! Ich kriege meinen Hundekeks. Mhm, lecker.

Der schmeckt allerdings so gut, daß ich noch einen will. Deshalb springe ich blitzschnell zurück in Papas Sessel . . . und da sitze ich plötzlich auf Papa. Na, so was! Er hat sich wohl noch blitzschneller gesetzt als ich. Aber mir macht das nichts, daß er unter mir sitzt. Ich bin menschenfreundlich. Nur du, Papa, du wirst gleich sagen: »Weg, Flocki!« Oder so was Ähnliches. Danach stehe ich auf. Schon gibt's einen Keks. Wir verstehen uns, Großer, was?! Begeistert lecke ich dem Papa übers Gesicht.

»Laß das, Flocki!« brüllt er. Na gut. Etwas beleidigt rutsche ich neben ihn. Wenn er sich so anstellt, mag ich doch nicht auf ihm sitzen. Brav hocken wir nebeneinander in Papas Sessel. Jetzt könnte er eigentlich sagen: »Verschwinde, Flocki!« Dann hätte er den Platz alleine, und ich bekäme meine nächste Belohnung. Aber er sagt nichts mehr. Oh! Will er schon aufhören mit dem Erziehen?

Mama schaltet den Fernseher an, und wir
gucken zusammen. Ist aber langweilig.
Kein Werbefernsehen für Hundefutter.
Ach, da liegt die Zeitung neben mir, mit der
Papa vorhin rumgewedelt hat, als ob er mir
einen Klaps geben wollte. Ich nehme sie
und reiße sie in Stückchen. So kann
niemand mehr damit hauen.
Papa merkt das gar nicht, aber die Kinder
schon. Und die grinsen.
Als ich fertig bin, jaule ich laut und stehe
vom Sessel auf. »Brav, Flocki!« lobt mich
der Große. Na bitte, es stimmt alles, denn
sofort gibt's einen Belohnungskeks.
Das kann ruhig so weitergehen. Deswegen
verschwinde ich durch die offene Tür ins
Schlafzimmer und lege mich gemütlich auf
Papas Bett. Natürlich ist das für mich
verboten. Strengstens! Trotzdem gefällt es
mir.

Erst mal gucke ich durch die offene Tür meinem Rudel beim Fernsehen zu. Und wenn sich Papa später ins Bett legen will, verlange ich zwei Kekse dafür, daß ich verschwinde. Oder drei?

Drei! Schon entschieden. Und die bekomme ich auch, wetten? Ich hab' ihn nämlich vorhin gut erzogen, den Großen. Er gehorcht mir. Stubenrein ist er übrigens auch. Ich kann wirklich nicht über mein Herrchen klagen.

Jaja, eigentlich wollte Papa heute mich erziehen. Aber er gibt zu schnell auf. Er hat keine Geduld, und die braucht man zum Erziehen. Ich kann's eindeutig besser, soviel steht fest! Das wissen auch alle, nur er nicht . . .